Andreas Wittorff

Brigitta - Lyrisch-epische Dichtung Rhapsodien

Andreas Wittorff

Brigitta - Lyrisch-epische Dichtung Rhapsodien

ISBN/EAN: 9783743688360

Hergestellt in Europa, USA, Kanada, Australien, Japan

Cover: Foto ©ninafisch / pixelio.de

Weitere Bücher finden Sie auf **www.hansebooks.com**

Brigitta.

Lyrisch-epische Dichtung in Rhapsodien

von

Andreas v. Wittorff.

Motto:
Der beste Friedensstifter ist der Tod!

Riga.
Verlag von Alexander Stieda.
1879.

Meiner lieben Unterstadt

Reval

in treuer Huldigung

gewidmet.

I.

Der Domschüler.

Der Himmel schießt mit Riesenpfeilen
Aus grauen Wolken scharf und jach!
Wen jetzt sie treffen, der mag eilen,
Bis er erreicht ein gastlich Dach.

Die Pfeile prallen — kurz zerbrochen —
Zurück von Mau'r und Gassenstein,
Indeß die an die Fenster pochen
Und in die Söller dringen ein.

Und wilde Bäche rauschen, jagen,
Die trunken sich in Wirbeln dreh'n,
Dann ihre Wellen meerwärts tragen —
Sie tragen Eulen nach Athen!

An solchen herben Regen-Morgen
Bleibt, wen die Pflicht hinaus nicht treibt,
In seinen Pfählen gern geborgen,
Er greift zur Arbeit, liest und schreibt.

Der Schulmann nur und seine Buben
Die dürfen drum auch heut' nicht scheu'n
Den Wetterkampf. Horch! in die Stuben
Dringt jetzt St. Olai's Stimme: neun!

Zum Aufbruch trommelt auf der Dose
Der Quintus¹) da sein Lieblingsstück,
Gönnt, halb geschlüpft schon in die Hose,
Der Nase noch ein Morgenglück, —

Und schon, mit Fröschen um die Wette,
Springt er, vom Sturzstrom ungeschreckt,
Kühn durch der Langstraß' Fluthenbette,
Das heute die noch länger streckt!

Dem langen Springer hüpft zur Seite
Ein kleiner, naß sein lockig Haar,
Ein Bursch, der heut' daheim im Streite
Mit Großmama der Sieger war.

Denn nicht nach Sinne war's der Alten,
Daß er sein Fußzeug preis heut' bot
Der Fluth; doch der ist nicht zu halten
Und rennt zur Schule durch den Koth.

Ist sie doch Herbert's liebste Stätte.
Ganz heimisch fühlt er sich erst da;
Vergißt dort hartes Brot und Bette
Und selbst die alte Großmama.

Er rennt — kann nun nicht weiter traben,
Lehnt sich erschöpft an einen Knauf
Am niedern Pfahlwerk um den Graben,
Der — tief — sich dehnt zum Dom hinauf.

Der morsche Pfahl, den auch die Tücke
Des Regens längst hat unterwühlt,
Er bricht miteins und weicht zurücke
Und wird vom Wasser fortgespült:

Und nach stürzt ihm der arme Kleine
Dort in die jähe Schlucht hinab,
In der manch' Kind schon lahm Gebeine
Gesunden oder frühes Grab.

Da wendet — trotz des Wetters Grimme —
Sich rückwärts rasch der Baccalaur:
Erkannt des besten Schülers Stimme
Hat er durch Wind und Regenschau'r.

Mit wen'gen breitgespurten Sätzen —
(Wer sie geseh'n, hätt' wohl gelacht!
Scheint's doch, als ob dort zum Ergötzen
Der Storchbein solche Sprünge macht —)

Mit wen'gen Sätzen hat der Lange
Des Thales feuchten Grund erreicht,
Wo Herbert liegt mit bleicher Wange,
Der keine Lebensspuren zeigt.

Die scheinen mit dem Blut entronnen,
Das aus der Brust entquoll zu Tag!
Der Schulmann hemmt den rothen Bronnen
Mit seinem Tuch, so gut er mag;

Erfaßt den regungslosen Knaben,
Klimmt mühsam aus der Schlucht hinaus,
Und trägt ihn — nah' des Domes Graben —
In ein ihm wohlbefreundet Haus.

Der Kaufmann, der dort wohnt, sein Vetter,
Empfängt mit off'nem Mund den Gast:
Was mag der Mann bei solchem Wetter
Heut' wollen? und mit solcher Last?

Doch kaum hat der es ausgesprochen,
Da schiebt der Gute, der mit: Weh
Und Ach! oft jenen unterbrochen,
Herbei sein kleines Kanapee.

Drauf wird der Kranke hingebettet, —
Den „Käthe gleich beschauen muß!
Wenn die das arme Kind nicht rettet,
So hilft auch kein Chirurius!"

„Ja, ja! Seit manchem lieben Jahre
Thut sie mit ihrer Arzenei
Schon Kuren, die wohl wunderbare
Zu nennen — mit dem Wohlverley!"

„Wenn sie's um Gotteslohn nicht thäte
Und nähm', wie And're, blanken Lohn,
Vergiftet hätte meine Käthe
Schon mancher von der Profession!"

Frau Käthe kommt, hört, was geschehen,
Geht ab und ist gleich wieder da,
In ihren Händen nun zu sehen
Ein Fläschchen — nicht mit Arnica.

Mit Kölnisch-Wasser wäscht dem blassen
Patienten Schlaf sie und Gesicht, —
Indeß ihr Mann vom Aderlassen
Manch' kluges Wort zum Vetter spricht.

Da wird ein Athmen leis vernommen,
Indem des Knaben Wang' entbrennt,
Ein Athem, der beim Wiederkommen
Die noch geschloss'nen Lippen trennt.

Und Käthe hat des Kleinen Munde
Jetzt einen Kuß weich aufgedrückt,
Als hätt' die sich're Lebenskunde
Die eig'ne Mutter hier beglückt!

Mit einem Seufzer thut der Bube
Nun auf der Augen lieblich Blau:
Sie irren durch die fremde Stube,
Sie haften an der sanften Frau —

Und hinter der — welch' süße Würze,
Die seinem matten Blick sich bot?
Ein lächelnd Mägdlein, an der Schürze
Der Mutter hangend, schämigroth.

Doch nein — gelächelt hat es nimmer!
Er sah ja, eh' es konnt' entflieh'n,
Auf seinem Wänglein feuchten Schimmer —
Ein Thränchen — ach, vielleicht um ihn!

Da schließt sein Aug' sich in Entzücken.
Auch in der Sänfte nicht erwacht
Der Knabe, die ihn, vor den Tücken
Des Wetters bergend, heimgebracht.

II.

Der Betteljunge.

Großmutter schläft im Grabe jetzt schon ein
volles Jahr.
Der elternlose Knabe wär' nun verwaiset gar,
Wenn der, den täglich preiset als Vater alle Noth,
Der junge Raben speiset, nicht ihm auch gnädig
Hilfe bot.

Doch Er, der hört die Raben, so häßlich auch
ihr Schrei'n,
Wie sollt' Er nicht dem Knaben ein gütig Ohr
wohl leih'n?

Wenn der um Gabe flehet, wie dringet fich ins Herz
Der Bittgesang, — so wehet ihn auch ein Lüftchen
himmelwärts! —

Im Kloster, das den Namen „der Pred'ger
Mönch'" empfing,
Hat Herbert sich erfungen ein Plätzchen — gar
gering,
Er muß dem Schaffner dienen des Münsters
mannigfach:
Muß Boten laufen, lehren so Küche wie Gemach,

Muß früh zur Messe läuten, zur Vesper auch dazu.
So hat der arme Junge die Woche wenig Ruh',
Und kommt der Samstag, läuft er sich singend
erst recht matt,
Den Pfennig einzusammeln für's Kloster, durch die
Stadt.

Dann bleibt er manchmal sinnend wohl an dem
Graben steh'n,
Der hin zum Dom sich ziehet, und muß hin-
unterseh'n

Zur Schlucht, in die er stürzte an jenem Unglücks-
tag — —
Doch nein, das war sein schönster! Als er ge-
bettet lag

Dort in des Kaufherrn Stube, erwacht aus
tiefem Schlaf,
Und als des kleinen Mädchens gerührter Blick ihn traf!
Ach, säh' er's doch nur wieder! Jetzt ist's ja nicht
mehr klein — —
Doch er — in diesem Kittel! Würd' sie nicht spotten
sein? O nein!

In solchem Sinnen nahet einst Herbert kaum
bewußt
Dem Haus des guten Kaufmanns. Mit weh-
gemischter Lust
Tritt er ins Zimmer, da er einst lag, sieht unerkannt
Allein die Frau dort sitzen, die ihn belebt mit
sanfter Hand!

Da läßt sein Glöcklein schallen verstummt der
Bettelknab',
Hält hin die Sammelbüchse, daß sie empfang' die Gab',

Und wendet sich, zu gehen: — ach, einer Frage Last,
Die leicht die Frau dort löste, — und ihn erdrücket
fast! —

Er kann sie nimmer wälzen über die Lippen hin=
aus,
Er muß die Frage tragen stumm wieder aus dem
Haus!
Sein Auge hat wohl Thränen, sein Mund nicht
Sang noch Wort,
Er läßt sein Glöcklein reden und flehen fort und
fort! —

Die Sonne geht zu Rüste, die Büchs' ist voll
und schwer,
Der lockige Bettler müßte nun heim ins Monoster.
Doch Mondesstrahlen spinnen sich über Stadt und
Land
Und zieh'n auch Herbert's Sinnen hinauf am
goldnen Zauberband.

Wie heimlich heute flüstern die Linden dort am
Zaun, —

Der Garten ist's der Süstern, der frommen
Klosterfrau'n,
Für jedes Mannes Tritte ein streng verjagter
Ort, —
Der einz'ge Mann des Klosters ist Michael, der
Jungfrau'n Hort.

Die Linden aber wissen von dem Verbote
nichts,
Ihr Flüstern räth zu folgen der Spur des milden
Lichts;
Das weist ein off'nes Pförtchen, durch das es auch
geschlüpft,
Indem's auf Blumenbeeten, verfolgt vom Zephyr,
weiterhüpft.

Der Jüngling folgt den Strahlen, tritt in des
Gartens Bann,
Und tausend Blumengrüße hauchen ihn würzig
an;
Die Hauche locken weiter ihn auf bekiestem Weg,
Der ihn durch Lauben leitet in ein versteckt Jasmin-
Gehäg.

Da sitzt, umglänzt vom Monde, von blühendem Gerank
Umrahmet, eine Jungfrau, still lesend, auf der Bank.
Der Jüngling stutzt, will fliehen, sie aber hört den Tritt,
Blickt auf, — lähmt durch den Aufblick die eig'ne Hand, wie seinen Schritt.

Und wie das Buch, entgleitend der Hand, die nach sich zieht,
Kann auch, sein Knie nur sinken, — indem er niederknirt;
Doch — wunderbar! — der Schrecken, der ihn gefällt zur Stund',
Muß ihm die Seele wecken, entsiegeln den verstummten Mund.

„O du," — ruft er, — und bebend Entzücken fühlt er jetzt:
„Bist du ein Geist, der schwebend auf Strahlen sich versetzt

Aus seinen blauen Sphären in diesen Blumenwald, —
Laß mich den Lustkelch leeren, zu schau'n dich,
    holde Lichtgestalt!"

„Denn deine Züge tragen ein Bild zu mir zu=
    rück,
Das mir in Kindestagen einst schuf ein süßes Glück,
Ein Bild, das ich vergebens gesucht, seit ich's
    geseh'n
Vor meinem Krankenlager als Mitleidsengel
    steh'n."

„Doch nein, du Wunderbare, — jetzt sagt es
    mir der Strahl, —
Du stiegst von dem Altare dort in Marienthal!
Wohl hab' ich da dich gestern erschaut, obwohl
    im Flug,
Als zu Brigitta's Schwestern ich eine Botschaft
    trug."

„Du bist die Heil'ge, die dort im Bilde prangt
    — fürwahr,
Und dir, Gebenedeite, ist Alles offenbar:

O, laß dich drum beschwören, sag', lebt mein
 Ideal,
Werd' ich es wiedersehen, ach, wär's auch nur
 einmal!?"

Ist's Furcht vor fremdem Lauschen, Furcht, daß
 sie selbst hier hört,
Was jetzt die Jungfrau zwinget, daß sie den
 Knie'nden stört?
Mit bittender Geberde winkt sie zur Pforte
 hin, —
Berührt, mitwinken Rosen — im Dienste ihrer
 Königin.

„„Wer du auch seist, o Fremdling, hör' meiner
 Bitte Rath, —""
Ruft sie: — „„entweich' dem Garten auf dem be-
 tret'nen Pfad!
Verboten jedem Manne ist streng zu weilen
 hier,
O flieh', eh' dich die Schließ'rin hier spüret — dich
 — mit mir!""

„„Wenn wir uns einst als Kinder gesehen, so
vergiß,
Vergiß das kleine Mädchen! Doch — Eins sei
dir gewiß:
Noch keine Kindeswonne kam jener Freude nah',
Als dich die künft'ge Nonne dem Tod entrissen
sah!""

„O, seligste der Stunden!" ruft Heribert
zurück:
„Dich selbst hab' ich gefunden! — und soll ent=
flieh'n dem Glück?!
Ha, gält' es nur mein Leben, ich wiche keinen
Zoll,
Doch — deinen Frieden stören, drückt schwerer als
des Schicksals Groll!"

„So scheid' ich denn — doch trostlos entlaß
mich nicht von hier!
Ein Zeichen deiner Güte reich', holde Jungfrau, mir,
Die Blume, in der selber die Heil'ge sich mir schenkt,
Die zuhauch' mir die Kunde, daß ihr Gebet auch
mein gedenkt!"

„So laß gestärkt mich gehen, gestärkt zur Hoff=
nung so
Auf schön'res Wiedersehen, — nicht fragt die
Hoffnung: wo?
Doch wagt sie noch die Bitte: gönn' deinen Namen
mir,
Des Herbert Schild!" — „„Brigitte!"" weht
leis — wie Blattgeflüster schier —

Zum Knieenden da nieder, dem bang sie noch=
mals winkt,
Indem jetzt eine Rose ihm in die Hände sinkt.
Da rafft er sich zusammen; mit einem Blick, der kaum
Sich lösen kann vom Ziele, entweicht er aus des
Gartens Raum.

Und sieh, die junge Nonne kniet jetzt an seiner
Statt,
Der von verbot'nen Pfaden sich heimgewendet hat:
Sie dankt dafür den Heil'gen, in nie gefühlter
Brunst
Empfiehlt sie jetzt den Jüngling — den unver=
geß'nen — ihrer Gunst.

Doch plötzlich blickt sie ängstlich — auf der Gebete Schnur
Am Gürtel, durch den Garten und durch des Klosters Flur
Enteilt sie in der Zelle eng düst'res Kämmerlein,
Da fühlt das glüh'nde Mädchen nur Nonne sich allein!

Dort stürzt auf's Neu' sie nieder vor dem Marienbild,
Vom Mond erhellt, das finster die Pflichtvergess'ne schilt;
Der Reue Thränen rollen Brigitta's Wang' entlang, —
Ach, vor der Jungfrau Grollen wie klopft das Herz so zag und bang!

„Verschmähe nicht, du Hehre," — sich nun dem Mund entringt:
„Das Opfer bitt'rer Zähren, das meine Buße bringt!
Ich hab' gefehlt, du Reine, der sich dies Herz geweiht,
Der's schlagen soll alleine — mit jedem Schlag in Lust und Leid!"

„Ein zweites Bild will engen dir dort den
Raum und Ruhm,
Ein Mannsbild dich verdrängen aus deinem Heilig=
thum!
O, hilf im heißen Streite, hilf mir im Seelenkrieg,
Daß dir, Gebenedeite, bald werde voller Sieg!"

So sucht in Bußgebeten sie die verlor'ne Ruh';
Es dämmert schon der Morgen, das müde Aug'
sinkt zu.
Da hat wohl süße Ruhe der Schlummer ihr ge=
bracht;
Süß lacht ihr Mund im Traume — so hat er
betend nie gelacht!

Doch als — erwacht — ihr wieder die kalten
Mienen droh'n
Maria's aus dem Rahmen, ist gleich der Traum
entfloh'n,
Er kehrt ihr auch nicht wieder den langen trüben
Tag, —
Es sorgt die strenge Nonne, daß sie den Geist mit
Pflichten plag'!

Am Krankenbett selbst drehet die Hand den
    Rosenkranz.
Dann liest sie — sich zur Buße — die Kloster-
    Ordonanz*),
Zu der die jungen Seelen verpflichtet sind zumal,
Die hier St. Michaelen sich angelobt aus freier
    Wahl.

‚Des heil'gen Leibes Speise, deß Tod uns wohl-
    gethan,
Soll'n hergebrachter Weise die Jungfrau'n oft
    empfah'n;
Die älteren, die frommen, soll'n jünger'n Vorbild
    sein,
Dem Heiland nachzukommen, der auch den Schwachen
    Kraft will leih'n.'

‚Den Müßigang zu treiben, der Nonn' em-
    pfohlen sei
Das Lesen und das Schreiben, sammt Näh'n und
    Stickerei.
Auch soll sie, daß sich mehre der Segen uns'res Herrn,
In Kranke, die zu pflegen, senken des Glaubens Kern.'

„Die Jungfrau'n sollen wissen und seien deß belehrt:
Kein Kleid, das ungerrissen, weich' and'rem Kleid an Werth;
Doch weder schwarz' noch weißes könn' Menschen-Werth erhöh'n;
Giebt's Zeugniß deines Fleißes im Säubern, steht dir jedes schön."

„Hell Morgens soll erklingen der Jungfrau Betgesang,
Des Herren Lob zu singen sei ihrem Herzen Drang;
Doch daß er aus dem Bronnen des Herzens quell' zum Licht,
Erschall' der Psalm der Nonne in jener Sprache, die sie spricht."

„Kurz vor des Mittags Stunde im Kloster-Refector
Trag' aus dem Neuen Bunde man ein Kapitel vor.

Die Vesper werd' gehalten und nach dem Abend-
   mahl
Les' man noch einen Spalten der Schrift, nach
   der Aebtissin Wahl.'

‚Das Kloster zu betreten sei keinem Mann er-
   laubt,
Es sei denn erst gebeten darum der Schwestern
   Haupt.
Sollt' eine Nonne sprechen mit einem Manns-
   bild da,
Die sei für solch Verbrechen gestrafet von der
   Domina.' —

Bei dem Verbot — wie pochen Brigitta's
   Pulse laut!
Hat sie denn was **verbrochen**, weil er sie dort
   erschaut
In ihrem Klostergarten? Er sprach so hold, so
   lieb!
Warum denn mu ßt' er weichen — als wie ein
   Gartendieb?!

Und wiederum — wie gestern — beginnt der
Seelenstreit
Der lieblichsten der Schwestern, und wiederum
ihr Leid
Klagt sie im Selbstanklagen der Himmelskönigin,
Und — wieder tröstend tragen sie Träume in den
Garten hin.

III.

Johannis-Freuden.

Schönes Fest der reichsten Kränze!
Fest der Blüthen wie der Frucht,
Willst uns, an des Frühlings Grenze,
Mild verbergen seine Flucht.
Noch grünen ja die Auen,
Der Wald — im vollsten Staat —,
Doch froh in Hoffnung schauen
Wir schon das wallende Gold der Saat.

Aber von des Sommers Höhe
Ahnend auch des Jahr's Geschick —
Rückwärts, lenzwärts gern entflöhe
Trauernd uns'res Geistes Blick,

Wenn über herbstlich leere
Festlose Monde hin
Das Fest nicht sichtbar wäre,
Das feiert unf'res Heils Beginn.

Ja, deß freu' dich heute, Sünder,
Dem Erlösungsfreude frommt,
Daß der Täufer ist der Künder:
Deiner Sünden Tilger kommt!
Wie einst von seinem Munde
Belebt die Wüste war,
Beseel' Johannis Kunde
Dir schön das öde halbe Jahr! —

Doch der Welt Begehr kann stillen
Eine Kunde nur — vom Mahl!
Galten ihr doch stets für Grillen
Glaube — Hoffnung — Ideal!
Die müssen ihr zerfließen
Vor derber Lüste Hauch;
Leben heißt ihr — genießen:
„Lebst du im Geist — leb' ich im Bauch!"

„Mag das mir gescheh'n mit Sünden —
Tragen wir das Allmanns-Leid!
Ernste Heilung zu ergründen
Fehlt es wahrlich uns an Zeit!
Ja — böt' uns Einer Pillen,
Wüßt' er 'nen Schlummertrank,
Den Schreier hier zu stillen,
Wohl, der verdiente gold'nen Dank!"

Und schon hat — der euch getrieben
Auf den Triftweg, breit und leicht, —
Das Recept, nach Wunsch verschrieben,
Um den Goldbank euch gereicht!
Ha, welch ein Siegesfeuer
Nun in der Hölle strahlt!
Jetzt wird die Sünd' erst theuer
Und werth euch — denn sie ist bezahlt! —

Denk' das Volk dir, dem im Haupte
Platz gegriffen solcher Wahn,
Das an Aberwitz wohl glaubte,
Ernst des Glaubens abgethan,

Das Kind und — Thier zu bleiben
Verdammt die Klerisei,
Und du begreifst das Treiben,
Das dir vor's Aug' gestellt nun sei.

Festtag ist's — man konnt' es sehen,
Seit hervor die Sonne trat:
Landmann, Bürger — alle blähen
Heute sich im Feierstaat.
Es ist das Fest des Mannes,
Der gleicht dem Morgenstern,
Dieweil auch St. Johannes
Die Sonne kündet — unsern Herrn.

Früh schon mahnten ernst und helle
Alle Kirchen zum Gebet,
Nicolai und Rathskapelle,
Dom und — der an Majestät
Sie alle mag besiegen
Sammt manchem andern Dom —
St. Olai, der erstiegen
Das Maß des Riesen gar zu Rom.

Schon gesungen sind die Messen,
Reval's Tempel wurden leer,
Doch es füllen sich indessen
Wein= und Bierhaus um so mehr.
Und wer heut' aller Sitte
Gern möchte ledig sein,
Der kauft von St. Brigitte
Sich dazu einen Ablaßschein. ³)

Bringt er noch der heil'gen Frau
Bilderchen aus Wachse dar,
Nette Schäfchen — weiße, graue —
(Doch mit Gold!) für den Altar,
Frommt's auch dem Thier — das glaub' er! —
Wenn es ein Leides traf,
Und Beide werden sauber,
Der sünd'ge Bau'r, das räud'ge Schaf!

Ha, den Ablaß in den Taschen —
Wie nun zujauchzt jeder Kneip'
Aufgethürmten bunten Flaschen
Rauschbegierig Mann wie Weib!

Jetzt lockt sie aus den Stuben
Kein höh'rer Höllenpreis,
Sie wiesen Beelzebuben
Wohl selbst — den Zettel und . . . . . . !

Wen nicht seine Sünden treiben,
Den doch treibt die Lust zur Schau,
Am Gedränge sich zu reiben,
Sei's allein, mit Kind und Frau.
Doch — Dämm'rung giebt schon freier
Der and'ren Sinne Macht;
Je dunkeler der Schleier
Sich webt — je heller wird gelacht.

„Reizend Nönnchen aus Brigitten,
Jetzt erst bist du mir bekannt,
Da die Kappe dir entglitten
Im Gedräng'; — laß mir die Hand!
Mög' öff'nen dort den Seichten
Das leere Herz der Wein,
Wir — woll'n einander beichten
Im stillen Zellen=Kämmerlein!"

Den galanten Abenteuern
Folgen derbe hinterher,
Wie nach den Johannis=Feuern
Aufsteigt jetzt der Schwärmer Heer.
Schon mehrten sich die Flammen
Den Laaksberg dort entlang,
Und wilde Haufen dammen
Sie ein — mit Jauchzen und Gesang!

Dort — in laubgeschmückten Gaden —
Ob der Wirth — gehetzt — auch schier
Jedes Festschmucks sich entladen,
Wird verzapft dem Volke Bier, —
Ein Trank, stets nur gesoffen,
Als ob man Mokka trinkt,
Bis wie vom Pfeil getroffen —
Nein, wie vom Beil — das Schlachtthier sinkt!

Dort — besiegt Musik das Lärmen,
(Die ist Sache des Geschmacks!)
Eingereist von Tänzerschwärmen
Brüllt der Ton des Dudelsacks.

Vor seinem Baß, dem argen,
Entweicht der Taubheit Weh,
Den hört man wohl bis Nargen
Und weiter auf der off'nen See!

Da — in trunk'ner Bauern Mitte
Tritt herein ein Edelmann,
Und mit einem tüchtigen Tritte
Springt er einen Tänzer an!
Zwei Schergen, die schon lauern
Auf seines Winkes Ziel,
Die binden stracks den Bauern,
Der von dem Stoße niederfiel.

Er, der Arme, ist leibeigen,
War entflohen seinem Frohn,
Jetzt, nach kurzem Festtagsreigen,
Bringt die Flucht ihm bösen Lohn!
Er schwindet von der Bühne,
Gehöhnt vom Pöbel noch:
Nun träume dich „ins Grüne",
Du Hund, aus deinem Hundeloch!

Immer wüster wird das Treiben,
Sichtbar in durchflammter Nacht;
Was im Dunkel noch — mag bleiben
Dicht von Schatten überdacht!
Hier — unter Klostereichen,
Dort — in des Schuppens Wust
Verliebten nachzuschleichen,
Fehlt meiner Muse alle Lust. —

Aber jetzt — vor jenem Zelte
Welches Drängen dort sich staut!
Durch Gejauchz, Gefluch, Gescheite
Klagt ein banger Geigenlaut;
Den martert aus den Saiten
Hervor ohn' Unterlaß
Ein Kerl — von gleichen Breiten
Als wie sein Fußgestell — das Faß.

Jetzt, nachdem das Tongezeter
Hunderte herangeschrie'n,
(Wie, um einem Attentäter
Rasch sein Opfer zu entzieh'n!)

Jetzt gönnt er Ruh' der Geige,
Dem armen Marterholz,
Und winkt, daß Alles schweige,
Mit seinem Scepter — königstolz!

Doch bevor des Dickwanfts Singen
Das geneigte Ohr Euch traf,
Seine Lebensskizze bringen
Möcht' Euch gern sein Biograph.
In Fett- und Schweiß-Glanz-Einung
Strahlend auf seinem Thurm —
Nehmt heut' die Festerscheinung
Als Colossal-Johannis-Wurm!

Zwar von einer Zukunft Glänzen
Ahnet nichts dies Kugelthier,
Denn ihn lockt von allen Kränzen
Einer nur — der lockt zum Bier!
Bier g'nügt zum Tagesglücke,
Biermangel schafft ihm Leid,
Wohl auch — ein Blick zurücke:
Der Strolch da hat Vergangenheit!

In dem Städtchen — nicht gar ferne —
Dem das Zeugniß Clio stellt,
Daß man da das Prügeln lerne,
Hat er's Licht erblickt der Welt.
Von seiner Kunst der Schläge
Gab Proben bald der Zwerg,
Er zog des Krieges Wege
Als Landsknecht mit Held Plettenberg.

Müde ward er bald der Kriege:
Einem Mönch aus deutschen Gau'n
Folgt' er auf des Schiffes Wiege,
Deutsches Land sich anzuschau'n.
Dort ließ er sich von Pfaffen
Nun auch zum Mönche weih'n,
Nachdem ihm viel zu schaffen
Gemacht das Bischen Mönchslatein.

Doch das Gratias und Ave
Stets zu gurgeln — ohne Glas,
Eingepfercht wie im Conclave,
Nimmer lang' gefiel ihm das.

Er schlich sich aus dem Kloster
Und lief durch's platte Land,
Meist als ein schlechtbehos'ter,
Mehr durst= als hungriger Vagant.

Wenn ein Caupo ihm gestillet
Leicht den Hunger, schwer den Durst,
Wenn er ihm auch noch gefüllet
Halb den Sack mit Brot und Wurst,
Der Wirth der Schwänk' und Lieder
Des Gasts auch endlich satt,
Dann trollte dieser wieder
Sich jolend in die nächste Stadt.

Noch einmal zu Mavors' Gilde
Schwor der einst'ge Landesknecht:
Unter Frundsberg's Siegerschilde
Focht er mit — ob gut, ob schlecht?
Müßt' Ihr ihn selber fragen;
Sagt' ich: er sei entsloh'n,
Würd' er dagegen sagen:
Instinct — der trieb mich! (wie Sir John).

Was auch sollt' der Mann da draußen,
Wo gleich stark ist Freund und Feind!
In der Schenke brav zu strausen,
Doch wohl rühmlicher erscheint.
Zeigt nicht ein rechter Zecher
Sich als viel größ'rer Held?
Ein tücht'ger Hälsebrecher
Schlägt ja sechs Flaschen aus dem Feld!

So denn endlich kam ins Klare
Unser Orpheus und erkannt',
Daß er seine besten Jahre
Nur verthan in Unverstand.
Ihm klang wie Zaubermähre
Des inn'ren Rufes Ton:
Die Kneip' ist deine Sphäre,
Dort deine irdische Mission!

Aber treu der nachzuleben,
That sein Sang bald nicht genug,
Denn der Branntwein, Bier und Reben
Dämpften völlig dessen Flug.

Rief ihm ein Schenkwirth: Schweig' er!
Das that dem Künstler weh;
Drum einem Bänkelgeiger
Verband er sich als Associé.

Zu des Fiedlers Sarabanden
Strich er nun den Marty-Baß:
Ob sich Ton und Ton auch fanden,
Wenig kümmerte ihn das.
War doch sein Kamerade
Ein gar geduldig Schaf,
Ließ gelten fünf für grade,
Weil er ja selbst den Ton nicht traf.

Glücklich blicket ihr ins Leben
Jetzt von eurer Künstlerhöh':
Euch verband ein schönes Streben,
O par fratrum nobile!
Ein Spürsinn, wo den Humpen
Entschäumt ein „süffig" Bier,
Ein Ahnen, wo zum Pumpen
Geneigt ein Wirth im Stadtrevier.

Schlaft in einer Bodenkammer
Aus — doch halb nur! — gleichen Hieb,
Und der gleiche böse Jammer
Weckt sympathisch gleichen Trieb —
Zur Kneipe! Nie im Streite
Dort jemals lagen sie,
Nein, Einer lag zur Seite
Des Andern wie ein Stück — vom Vieh.

Doch in dieses Lebens Prosa
Soll kein Herzensbund gedeih'n, —
Ließ doch schließlich Marquis Posa
Seinen Carlos auch allein!
Zwar traf den Kunstgenossen
Des Orpheus just kein Schuß,
Doch war er angeschossen,
Als Nachts er fiel in einen Fluß.

Eine herbe Branntweinszähre
Weiht der Barde seinem Freund;
Daß der Schmerz ihn nicht versehre,
Trinkt er nieder diesen Feind.

Im Arm die feuchte Geige,
Die er dem Bach entwandt,
Und eine Kümmelneige,
Sagt er Valet dem deutschen Land.

Denn des Heimwehs Rufe lockten
Endlich doch auch dies Kameel! —
Wo ihm seine Lieder stockten,
Griff er in die Saiten — fehl.
So humpelte der Dicke
Bergauf, thalab ein Jahr,
Bis ihm vor trunk'nem Blicke
Das Städtchen lag, das ihn gebar.

Doch dort wollt' ihn Niemand kennen,
Mocht' er auch von Haus zu Haus
Sich den Held von Maholm nennen:
Jeder Bube höhnt ihn aus.
Sein Haar, das — längst ergrauet —
Ihm bis ins Auge fällt,
Die Nase, die längst blauet,
Der Wanst, — sie haben ihn entstellt.

Als der Held nun wollt' bestät'gen
Seiner Faust Identität
Auf der Kirmeß=Schlacht im Städtchen,
War's für seinen Ruhm zu spät!
Denn statt des Schlachten=Hammers
Des Thor, der wuchtig fällt,
Ward er dort — o des Jammers! —
Zum Amboß jetzt für alle Welt. —

Doch er steht Euch da vor Augen
Unversehrt — obwohl recht feucht!
Mag sein Lied auch wenig taugen,
Heller schallt's vom Faß vielleicht.
So schweige denn nun Fama
Und selbst erhalt' das Wort
Zu seinem Monodrama
Der runde Bänkelsänger dort:

Ballade.

Ihr lieben Leute, hört mich an!
Einst zu Johanni war es,
Da jagte, wie man lesen kann,
Hier König Waldemarns.
Der König war ein Sonntagsschütz,
Hat selten seines Jägers Mütz'
Wie heut' ein Reh getroffen.

Vom Mützenwurf ein ander Mal,
Jetzt sing' ich euch vom Rehe.
Das flücht'ge Thier floh bald ins Thal,
Bald in des Laatsbergs Nähe.
Es rannte wie der Sausewind,
Jetzt war's am Strande, jetzt am Glint,
Die Hund' ihm an den Hufen.

Der König sprach zum Leib-Piqueur,
Der jetzt ihm ritt zur Seite:
„Das Reh vexirt — so fürcht' ich sehr —
Uns Jäger sammt der Meute!

Sieh nur, wiewohl ich sitz' zu Roß,
Wie der durchlauchte Schweiß begoß
Die Rosen meiner Backen."

Nun stand ein Fels nicht fern dem Strand,
(Steht noch — auf ehr'nen Füßen!)
Ein Tannenbaum an seinem Rand
Schien ernst herabzugrüßen,
Dorthin jetzt stiert der Jäger Blick,
Und alle schrei'n: Ha Flick! ha Flick!*)
Das hält dort gar 'ne Mahlzeit!

Der König aber lacht: „Die will
Versalzen ich dem Racker!"
Er rief dem einen Bracken: „Pill!"
Er rief dem ander'n: „Pack er!"
Die Bracken aber ließen's sein;
Sie zogen scheu die Ruthen ein
Und wagten keinen Angriff.

---

*) Das Jägerwort für: Reh.

Da rief der König: „Kleiner Narr,
Sollst mich nicht länger äffen!"
Und einen Pfeil nahm Waldemar
Und zielt — und thät auch treffen,
So gut, wie nie er traf ein Ziel:
Das Reh sank lautlos hin und fiel
Dem König vor die Füße.

Doch wie die Jäger nun, die hier
Herrn Waldemar'n umstunden,
Ausweiden woll'n das leck're Thier —
Der Braten ist verschwunden!
Da sprach der Leib=Piqueur perplex:
Den hat uns Satan hergehext
Und hat ihn auch geholet!

Jetzt that wohl auf den klugen Mund
Der Oberjägermeister:
„Hier liegt ein Heid im Felsengrund!"
Der König frug: Wie heißt er?
„Man heißet ihn des Kalew Sohn" —
Da höhnt der König: Kenn' das schon,
Das sind ja alte Mythen!

„Doch in den Mythen steckt oft, Sire –
Verzeiht mir, wenn ich läster'! –
Wohl tief're Weisheit noch als wir" – –
Der And're rief: Sprich, Vester! –
„Wohl, wenn es Euch denn nicht verdroß,
So hört, was durch den Kopf mir schoß,
Wie Ihr das Reh geschossen."

„Wie dieses Reh eu'r Pfeil besiegt
Als Heidengrabes Wache,
So sei, bis daß der Heide liegt,
Kampf eures Schwertes Sache;
So sei der alte Thaten-Wahn
Vom Kalew-Sohne abgethan
Durch eu're Christenthaten."

„Doch weiter dünkt mich, daß uns hie
Dies Abenteuer künde:
Es solle nie das Hallali
Durchschallen diese Gründe.
Denn wie uns heut dies Reh gehetzt,
Und noch uns todt entwischt zuletzt,
Das nennt kein Waidmann Segen!"

Der König blickte ernst und straff
Auf seines Wildparks Pfleger:
„Du hast gesprochen wie ein Pfaff,
Nicht wie ein alter Jäger!"
Sprach er sodann: „Doch wahr bleibt wahr!
Hast auch gestochen mir den Staar —
Ich seh' in ferne Tage!"

„Hier werd' ich eine Stadt erbau'n
Mit Wällen — nicht zu stürmen!
Und über diese seh' ich schau'n
Den Wald von hohen Thürmen!
Was sonst wohl Thurm hieß — sei ein Quarl!
Der eine schau' — — bis Dänemark,
Wenn ihn kein Blitzhieb kürzet!"

„Die Stadt erzähl' das Wo und Wie
Der heut'gen Jagd noch Allen,
Hört man hier längst statt Hallali
Nur Hallelujah schallen:
Sie meld' des Hochwilds Ueberfluß
An diesem Strand und meinen Schuß:
Denn Reh=Fall soll sie heißen!"

IV.

Brigitta.

Laßt von der Muse, die, den ernsten Weg
Zu kürzen, Euch geführt durch bunt' Gewühle
Der Volkeslust (doch nicht mit Lust-Gefühle!),
Euch weiter leiten nun. Ihr luft'ger Steg

Soll grad' Euch in das düst're Münster tragen
Der Pred'ger-Mönche, — in ein still Gemach; —
Auch wir betreten's still, daß nicht erwach'
Der Schläfer dort auf seinem nied'ren Schragen.

Erkennt Ihr ihn — den ernsten Jüngling-Mann?
Doch sagt es, wenn sein Auge wieder offen;
Indeß vernehmt, was unsern Freund betroffen,
Seit er dem Klostergarten einst entrann.

(Die Muse weckt ihn nicht mit ihrem Flüstern!)
Ein alter Klosterbruder, sprachenklug,
Dem das Gerücht auf seinem müß'gen Flug
Den Geist des Knaben pries, der ward fast lüstern

Zu prüfen ihn, und als er wohl bestand
In dem Tentamen, förderte sein Wissen
Der greise Lehrer treu, und war beflissen
Zu bilden ihn für den gelehrten Stand.

So wurde Herbert ledig seiner Pflichten
Des nied'ren Klosterdiensts, studirte tief
Die Griechenwelt, wenn seine Mitwelt schlief,
Und durft' auf manche Hora drum verzichten.

Und als der Abt in einem Klosterstreit
Beschloß zum heil'gen Vater eine Sendung,
Gab Heribert auf seines Freunds Verwendung
Den reisenden zwei Boten das Geleit.

So sah er Deutschland, sah der Hesperiden
Gepries'nes Wunderland und kam zurück —
Sich selbst ein Wunder fast! Ein neues Glück
War auf der Reise seinem Geist beschieden.

Es war der neuen Lehre siegend Licht,
Das für Germania ein Mönch entzündet; —
Ein schlichter Augustiner hat verkündet
Daß Papst und Schrift einander widerspricht!

Verkündet hätt' er's nur? Er hat's er-
wiesen,
Erwiesen aus dem Wort, das streng in Hut
Der Papst drum nahm, als ihm gehörig Gut,
Dem Volk als eine heil'ge Mähr gepriesen,

Doch kaum — nur in Verstimmlung — ihm
gegönnt. —
Auch Herbert hat von einem Humanisten
Den unverkürzten Neuen Bund mit Listen
Erworben sich (— den Ihr da sehen könnt

In seiner Hand —) und heimlich, meist im
Wandern,
Studirt er ihn, — wie einst der Griechen
Geist.
Das ist's, was er sein neues Glück nun heißt,
Was heim ihn lehren ließ als einen Andern.

Doch nein, die eine laut're Herzensgluth,
Die ihm entbrannt' in ferner Kindheit Stunde,
Sie brennt noch heut' im tiefen Seelen-Grunde,
Sie ist — nächst Gott — noch heut' sein höchstes
  Gut.

Sein Lieben! Nicht — wie einst — ist ihm
  Brigitte
Ein leiblos Wesen jetzt noch höh'rer Welt,
Ein Weib ist's, das sein Herz gefangen hält,
Ein süßes Weib, voll Liebreiz wie voll Sitte.

Aus fernem Süden rief er ihr einmal
In wilder Sehnsucht zu, des Klosters Banden
Sich heimlich zu entzieh'n, nach fremden Lan=
  den
Mit ihm zu fliehen — in ein lieblich Thal — —

Doch jetzt — daheim — erscheinet unbe=
  sonnen
Dem sinnigen Jüngling jener Liebesbrief,
(Ein Seufzer, der des Herzens Haft entlief!)
Und einen zweiten Brief hat er begonnen.

Er will — doch was er will, vernehmet nun
Von Herbert selbst: erwacht — aus tiefem Brüten
Nur ist er jetzt, und eilt, sein Buch zu hüten
Vor fremdem Aug', es in den Schrein zu thun.

Dann sinnend mißt er seine kleine Zelle
Langsamen Schritts, eh' so er weiter schreibt:
„Vollkommner ist kein Mann, weil unbeweibt,
Vor Gott, und stünd' er an der höchsten Stelle;"

„O theures Wesen, wie denn soll dem Weib
Allein der Menschheit Vollbild sein zu eigen?
Wenn einzeln sie nur deren Hälfte zeigen,
Weist Mann und Weib der Menschheit ganzen Leib!"

„Verzeih' mir, was ich schrieb der jungen Nonne
(Hesperiens Traube schrieb's aus mir!) von Flucht
Aus unf'ren Klöstern, — nun, es war verrucht!
Nein, nimmer stehl' ich meines Lebens Wonne!"

„Entsagen will ich meinem Klosterthum:
In Deutschlands Gauen wird wohl meinem Fleiße
Ein nährend Aemtchen, wie es immer heiße.
Entsag' auch du, Geliebte, einem Ruhm."

„Der Engeln zusteht, nicht uns Staubgebor'nen!
Zum schönsten Bunde reich' mir deine Hand
Und zieh' mit mir in's neue Vaterland."
So schrieb der Liebende der Auserkor'nen.

Und einem Mönche, der jetzt Boten lief,
Wie einst er selbst, und gern sich ließ erbitten —
Für ein lateinisch Sprüchlein — nach Brigitten
Zu wandern, dem vertraut er seinen Brief.

Denn nicht mehr weilt, das gab sie ihm zu wissen,
Brigitta dort, wo er einst hin sich stahl;
Sie zog in's Kloster zu Marienthal, —
Kurz eh' der Tod die Eltern ihr entrissen.

Der schwarze Würgeengel war's der Pest,
Dem Gott gewährt, nach Reval herzuschiffen,
Der Hunderte an einem Tag ergriffen,
Und auch dies Gattenpaar — beisammenläßt!

Nichts mehr ließ Herbert wissen seine Holde.
War sie's denn noch? Sie hat's ihm nie gesagt;
Doch wenn er seine welke Rose fragt,
Wird sie ihm Bild — von süßer'm Minnesolde!

Zwar — zu den Nonnen sich zu stehlen hin,
War — wenn die Vorzeit-Kund'ge der neun
     Schwestern
Nicht hier der Vorwurf etwa trifft, zu lüstern —
Ein fahrlos Abenteu'r — für frechen Sinn.

Denn Mönch und Nonne hausten zu Brigitten
Gemeinsam unter eines Daches Bann,
Und schied auch eine Mauer Maid und Mann,
So gingen Pförtchen durch die Wand doch mitten;

Die sollten zwar der Mönche Speis' und
     Tracht
Den Durchgang von den Schwestern nur ge=
     statten,
Doch Speis'= und Kleider=Wäglein — hieß es —
     hatten
Auf ihrem Rückweg oft lebend'ge Fracht!

So ging die Mär. Ist's mehr als Läster-
   Mär?
Socrates' Schüler kümmert's nicht! Er kennt,
Wie's in der Brust auch immer stürmt und
   brennt,
Zu seiner Liebe nur den Weg der Ehre!

Sie selbst muß winken, wenn er kommen soll.
So harrt er denn der Antwort auf sein Schreiben
In Ungeduld, die nirgend ihn läßt bleiben —
Das Herz ist ja unstäter Sehnsucht voll!

Die Antwort kam, als mancher Tag ver-
   gangen.
Der bandgeknüpften Rolle Blatt um Blatt
Betrachtet Herbert ernst; daß so viel hat
Die Liebste ihr zu sagen, macht ihn bangen!

Und also lautete Brigitta's Brief:
„Mein theurer Freund! — Ja, Herbert, ohn'
   Erröthen
Nennt so die Himmelsbraut dich in den Nöthen
Der Brust, in der der Friede jetzt entschlief!"

„Denn nimmermehr kann werden ich die Deine!
Und ob ich auch in frevlem Herzensdrang
Zerbrechen wollte meines Klosters Zwang,
Der Himmel forderte zurück die Seine!"

„Sein bin ich durch ein Loos, das ganz erst mir
Kund ward durch eine Schrift, die ich erhalten
Jüngsthin aus treuer Hand — des lieben Alten —
Die kalt jetzt ist! Daraus nun künd' ich's dir."

„Die Heil'ge, deren Namen mir gegeben
Die Mutter, wie sie ihren Namen leiht
Auch diesem Kloster, jene Schwedin, weiht
Mein mütterlich Geschlecht dem Klosterleben."

„Sie, uns're Ahnfrau, Gundmar's Weib, ersann
Um tief geheimen Liebewehes willen,
Das nimmer ihr gelungen ganz zu stillen,
Sich strenge Buße, als verschied ihr Mann."

„Als fromme Pilg'rin zog sie in die Ferne,
Die Kinder überweisend treuer Hut.
Wenn sie, im härenen Gewand, geruht
Auf nackten Steinen, über ihr die Sterne,"

„Schritt mit dem Tag die Büß'rin weiter
fort.
So kam, ihr Brot erbetend stets, Brigitte
Ueber das Meer, und lenkte ihre Schritte
Zuletzt nach Rom, St. Peters heil'gem Port."

„Dort — in des heil'gen Vaters Angesichte,
Zu seinen Füßen that sie diesen Schwur:
So lang' mein Stamm — in einem Sproß' auch
nur —
Noch grünt, er sich den Heiligen verpflichte!"

„Ein Sprößling stets — sei's Tochter oder
Sohn —
Entsag' der Welt — als Klostermönch, als
Nonne —
Und ist's ein einzig Kind, so sei die Wonne
Des Opferns dann den Eltern höchster Lohn!"

„Bald schied die Heilige zu lichten Sphären,
Ihr Name aber ward mit Ruhm genannt,
Und, gleichwie hier, in manchem Land erstand
Ein Doppel=Münster zu Brigitta's Ehren."

„Ihr Schwur ward treu erfüllt — vom eig'nen Kind
Und von Geschlecht dann weiter zu Geschlechte:
Entschied das Loos über des Klosters Rechte,
So folgte stets Gehorsam willig blind."

„Nun war beschieden einem Gattenpaare
Als einzig blühend Kind ein Mägdlein hold —
(Ach, daß es meine Mutter werden wollt',
Die Schuld hat es bezahlt mit früher Bahre!)"

„Die Eltern — mir Großeltern — die nun trifft
Der Schlag der unerbittlich harten Fügung,
Ergeben sich, der Ahne Schwur Genügung
Zu leisten in dem nächsten Nonnenstift."

„Doch kaum daß sich die Knospe hat entfaltet
Zur Rose — um zu welken ungeschaut
Am Klosterfenster als des Himmels Braut —
Da hat ihr Loos sich plötzlich umgestaltet."

„Ein Jugendfreund des Vaters — (denn den hat
Der selbe einst als Kind gebracht aus Schweden
Zur Domschul' her, die weit von sich macht reden;
Dann, heimgekehrt in Vaterland und Stadt,"

„Sah er 'ne Enkelin dort der Brigitte,
Die nicht geweiht war, und die er gefreit) —
Deß Jugendfreund nun aus der Knabenzeit,
Kaufherr in Reval, der nach alter Sitte"

„Sich selber Waaren holt vom Markt der Welt,
War auch nach Sween's Residenz gekommen,
Zum Schulgenossen; bald hat er vernommen,
Welch' Schicksal dem sein Eheglück vergällt."

„Der Seemann räth — dem Feind entgegensteuern!
Des Trennungs-Wehes Kelch auf einen Zug
Zu leeren, scheint dem Kaufmann eher klug,
Als jenes Weh durch Wiederseh'n erneuern."

„Darum die Eltern überredet er,
Die Tochter weit — nach Reval zu entsenden,
In seiner Hut, wo sie durch sein Verwenden
Die Zahl der Jungfrau'n der Brigitta mehr'."

„Es siegt zuletzt dies freundliche Erwägen.
Die Eltern reißen sich mit Schmerzen los
Vom einz'gen Kinde — und der Wellen Schooß
Wiegt's weit und weiter — neuem Heim entgegen."

„Brigitta aber (— denn den Namen führt
Jedwede Enkelin von Gudmars Stamme,
Die sich vermählet hat dem Gottes-Lamme —)
Sie hat die Küste Estlands nie berührt."

„Sie, die mir Mutter werden sollt', erreichte
Mit ihrem Schützer nur Lubelia;
Denn Waarenschau und -Kauf die führten da
Ihn hin — auch And'res, wie sich später zeigte."

„Da saß die Jungfrau denn allein im Haus
Bei einer „Base" ihres Schiffsgefährten,
Der Tagessorgen Muße kaum gewährten
Zum Plaudern, — weinte sich vereinsamt aus!"

(„Das war noch süßes Weinen!") — Im Gemache
Der alten Base eines Tags erschien
Ein andrer Jugendfreund des Kaufherrn, ihn
Zu grüßen, ein Genie im Malerfache."

„Mein Vater war's, Paul Werner, Revals Sohn
Gleich jenem, jünger doch. Dem Künstlerleben,
Das, unstät, ihm zwar Ruhm und Gold gegeben,
Nicht aber Ruhe, ward er abhold schon."

„Der Heimat zu sich wendend aus dem Süden,
Zieht's ihn zur Vaterstadt nun, ob ihr Schooß
Vielleicht ihm berg' des späten Glückes Loos, —
Des Eheglücks dem Junggesellschaft-Müden."

„So kam er denn zunächst nach Lübeck, fand
Dort mit dem alten Freund die junge Liebe —
Doch, Herbert, Frevel wär's, wenn ich beschriebe,
Wie sie umschlang ein frevelnd Liebesband!"

„Der Kaufherr, kaum erfreut durch den Genossen,
Der seines Schützlings Einsamkeit belebt,
Erkennt das Uebel jetzt zu spät — und bebt!
Ein zweit' Geheimniß hat sich ihm erschlossen!"

„Ihn selbst — den Alten — hat das Alter nicht
Geschützt vor Liebesthorheit! Mit den Gluthen
Der Jugend liebt er — fühlt sein Herz er bluten!
Die Liebe hüllte sich in Vaterpflicht —"

„Jetzt wirft sie ihre Hülle fort! Im Rasen
Der Leidenschaft weiß er sich keinen Rath,
Noch seinem Schützling — als die feige That
Der Flucht. Brigitten lassend seiner Base,"

„Schifft er sich ein — mit halb gelad'ner Fracht —
Flucht seinem Freunde, den er heißt Verräther,
Und kehrt nach Reval heim, — von ihm noch später,
Denn seine Buße war noch nicht vollbracht."

„Dem Paare, nun die Thränen nicht mehr fließen,
Kann jetzt die böse Wahrheit nicht entgeh'n,
Es hab' die Wahl nur zwischen zwei Vergeh'n,
Hier gelt' es, sich zum kleineren entschließen."

„Soll noch die Jungfrau in's Marienthal,
Im Herzens-Opfer ihres Werner züge?
Das wär' nur einer Büßung freche Lüge,
Sünd' an der Heil'gen und an sich zumal!"

„So will sie deren Segnung denn entsagen,
Als Weltkind tragen ihre volle Schuld,
Will Werner'n ganz gehören, auf die Huld
Des Ew'gen bauend bannen weit'res Zagen."

„Die Kirche schlingt nun eng der Herzen Band.
Ein selig Gattenpaar (scheint's!) hat gefunden
Nach wenigen durchweinten bösen Stunden
Das alte Eden, das ins längst entschwand."

„Ein Jahr entquoll dem Urquell aller Tage —
Der grauen Zukunft. Wie vom Felsenspalt
Gleich silbern Tropf' um Tropfen niederwallt,
Gleich schnell — wie wenn der folgende ihn
jage:"

„So rannen lieblich Stund' um Stunde hin!
Da nahte den Beglückten das Verhängniß
In Kinds Gestalt! des Mutterleibs Gefängniß
Entstieg ich — und ward Muttermörderin!"

„Doch eh' die Dulderin hinschied zum Frieden,
Reicht sie ihr Kind — mich — ihrem Gatten
hin
Auf schwachen Armen: der Fürsprecherin —
Ruft sie in Angst ihm zu: — sei es beschieden,"

„Des Himmels Zorn, deß Schrecken sonst er=
fährt
Mein sünd'ger Geist, durch Sühnung abzulenken:
Schwör', Werner, mir, dies Kind dem Herrn zu
schenken!
Da schwur er, wie die Sterbende begehrt."

„Der arme Vater! Ach, was mußt' er leiden!
Genügt's nicht, daß der Freund ihn grollend mied,
Daß er sein holdes Weib nun sterben sieht?
Jetzt mußt' er selbst von seinem Kind sich scheiden!"

„Die Mutter deckt das Grab. Zu seinem Weh'
Legt sich die Frage da nach seiner Reise
Dem Vater schwer auf's Herz: in welcher Weise
Er mit dem Kind die Fahrt vollbring' zur See?"

„Da wendet er in seinem üblen Stande
Sich fragend an die alte Schaffnerin
Des Kaufmanns: ob um guten Lohns Gewinn
Sie lösen wolle ihrer Heimat Bande?"

„Doch hört er nun, auch sie sei über's Meer
Aus Reval einst mit ihrem Mann gekommen,
Wo sie der Lübecker zur Frau genommen,
Der bald hier starb, hier blieb sie drum seither."

„Wohl sähe wieder sie ihr Reval gerne —
(Und wer stirbt lieber in der Heimat nicht?!)
Doch — fügt sie zu — hier bind' sie eine Pflicht,
Wehr' ihr die Reise in die traute Ferne."

„Zuletzt vertraut sie meinem Vater dies:
Der alte Herr, der grollend sie verlassen,
Er sei — ihr Eidam, schein' er auch zu hassen
Den Ehestand, und ihre Tochter ließ"

„Bei ihrem Tode, den der Gram bereitet,
Daß sie getrennt vom Mann nur heimlich hier
Sich Gattin fühlen dürf', ein Knäbchen ihr,
Deß Wartung nun der Reise widerstreitet."

„Den Eidam aber zwing' zur Heimlichkeit
Ein reiches Erbe, das ihm geht verloren,
Wird kund, daß er den Hagstolz abgeschworen,
Weil das Vermächtniß dem nur Recht verleiht."

„Der Vater staunt, doch giebt er Raum nun leichter
Der Hoffnung, daß er seinen Freund versöhn'
Jetzt durch den Sohn — ausmalt er das auch schön
Der Alten und macht sie zur Fahrt geneigter —"

„Ihm soll der Sohn ersetzen den Verlust
Der Tochter, die geweiht dem Klosterleben,
Soll wieder neu der Freundschaft Bande weben,
Die, ach! die Liebe selbst zerreißen mußt'!"

„Der Wahn der Hoffnung schwand nach wenig
           Tagen!
Denn als der Vater mit dem Kinderpaar
Und ihrer Pflegerin nun ohne Fahr
Die Fahrt vollbracht und eilet zu erfragen"

„Den alten Freund, vernimmt er tief er-
           schreckt,
Der hab' im Bußdrang' seine ganze Habe
Den Klöstern zugewandt als Opfergabe,
Wo er nun selbst in einer Kutte steckt."

„In welchem Kloster? Das auch zu erfahren
Gelang dem Freunde nicht — troß Müh' und
           Geld!
Der Alte blieb verschollen in der Welt,
Und ist's geblieben noch — nach zwanzig Jahren!"

„Da alles Forschen fruchtlos sich erwies,
Bußt' nun der Vater, wollt' er sich nicht
           stehlen
Den Knaben, Beff'res nicht für den zu wählen,
Als wenn er ihn bei seiner Pfleg'rin ließ."

„Mit Gelde wohl verseh'n schafft er ihr Wohnung
Im Haus — des Kaufherrn einst, das jetzt doch schien
Der Mönche, macht auch willig zu erzieh'n
Den Knaben die um reichliche Belohnung."

„Mich aber bracht' mein Vater Freunden zu,
Die — kinderlos — mich wie die Gab' empfingen
Des Himmels, treu wie Eltern an mir hingen
Und gern mir opferten des Hauses Ruh'."

„Der jüng're Bruder war es jenes Alten,
Auch Kaufmann, ob auch nicht, wie der, so reich,
Doch frommen Sinns, dem Vater allersgleich,
Und ihm als Hausfrau thät ein Engel walten!"

„Doch, Heribert, du kennst sie Beide ja
Aus früher Knabenzeit. Gedenk' der Stunde,
Da mich dein Blick als schönste Lebenskunde
Einst traf — da waren beide Theuren nah!"

„Den Pflegern, die mein Vater mir erkoren,
Vertraut er seine ganze Herzensnoth:
Des Bruders Feindschaft, seiner Gattin Tod,
Und was der Sterbenden er zugeschworen."

„Die Kindeszeit soll' ich, in ihrer Hut,
Im Vollgefühl der Kindeslust genießen,
Dann mögen sie die Zukunft mir erschließen
Und mich ins Kloster thun als heilig Gut."

„Vom Knaben und der Alten sagt' er Beiden
Nur nichts, damit er das Geheimniß wahr'
Der Vaterschaft; es ward doch offenbar,
Wie bald du hörst, — erst sieh' den Vater scheiden."

„Doch eh' er schied, trieb ihn sein reuig Herz,
Ein Angebinde mir zurückzulassen,
Mir, seiner Tochter, in ein Bild zu fassen
Die Heil'ge, die mich ziehe himmelwärts."

„Da fleht zum Himmel er in stiller Bitte
(Auch das hat er vertraut dem Freundepaar),
Daß ihm im Traume würden offenbar
Die Züge jener Ahnfrau — der Brigitte."

„Und horch! es weckt den Künstler in der Nacht
Ein sanfter Ruf. Da steht im Heil'genscheine
Vor ihm Brigitta — doch es ist die seine!
Und so von ihr hat er ein Bild vollbracht."

„So grüßte denn einst im Vorübergehen,
Mein Freund, die Mutter dich hier vom Altar,
Und wähntest du darauf, daß ich es war —
Das konnte nur dein liebend Auge sehen!"

„Und als vollendet war sein Weihebild*),
Da reicht der Vater noch die Schrift den Lieben,
Die als Vermächtniß für mich niederschrieben
Die Eltern, und bestieg ein Schiff, gewillt,"

„Zum theuren Grab zu lenken seine Reise.
Er ist nicht heimgekehrt! — Die Pflegerin
Des Knaben schied nach manchem Jahr auch hin.
Da fand im Hause dort zufäll'ger Weise"

„Der Pflegevater, der's erstand, ein Blatt,
Darin die Greisin zeugt vor ihrem Ende,
Daß Werner ihr den Knaben in die Hände
Hier gab — und was sie dem bekannt einst hat."

„Da ließ der Ohm, treu sorglich, zu erkunden
Den Neffen, nach ihm forschen rings umher;
(Er hat's auch mir vertraut, bekümmert schwer),
Allein der arme Jüngling blieb verschwunden!" —

Verschwunden! Bei dem Wort zuckt jäher Schmerz
Durch Herbert's Seele: ach, auch an dem Tage,
Als er vor Käthen stand mit stummer Frage
Nach ihr, die ihm so ganz erfüllt das Herz, —

Vielleicht da suchten ihn die zwei Bekannten
Der Lieben, die er fand und schon verlor!
Und seine ganze Kindheit steigt empor
Dem aus der Heimat Schooße früh Verbannten.

Auf taucht das Bild wohl einer Meeresfahrt, —
Die schon ihn mit der Liebsten mußt' gesellen! —
Doch weiter will Erinn'rung nicht erhellen,
Ein Grau in Grau ist's, was sie dort bewahrt.

Der alten Großmama dann muß er denken,
Der edlen Kost, die ihm die Schule bot,
Doch auch — daheim — der harten Bissen Brot, —
Zu theuer doch bezahlt mit den Geschenken,

Die Werner's Hand den Mönchen mild gereicht!
Er denkt, wie nach der alten Frau Erblassen
Sie den verlass'nen Knaben betteln lassen —
Und finst'rer Pfaffenhaß sein Herz beschleicht!

Sich sänftigend ließ Herbert also weiter:
"Und nun laß eilen mich, mein Freund, zum
Schluß:
Als ich heranwuchs gaben mich, dem Muß
Der Pflicht gehorchend, meiner Kindheit Leiter"

"Zunächst ins Kloster des St. Michael,
Der Trennung Unlust leichter zu ertragen,
Denn seh'n durft' ich sie dort an Feiertagen, —
Und dort — verzeih' die Jungfrau meinen
Fehl! —"

"Dort blieb die Mondennacht mir unvergessen,
In der du mich im Gartenbusch belauscht,
Und wir des Wiedersehens Glück getauscht —
(Ein Glück, uns später nicht mehr zugemessen!)"

"Dann aber — ernst belehrt ob meinem Loos
Durch Schrift und Wort, entsandten nach Brigitten
Die Lieben mich, — sie selbst drauf ach! er-
litten
Den Tod der Pest, — mein Herz den schwersten
Stoß!" —

„Todt! todt! Wohin ich blick' aus meinen Mauern,
Ragt mir entgegen eines Grabes Bühl!
Die theuren Pflegereltern schlafen kühl,
Die Mutter sollt' ich lebenslang betrauern!"

„Ob meines Vaters Gruft wohl wölbt ihr Dach
Die falsche Welle, die ihn einst getragen; —
O Herbert, laß mein Lebewohl dir sagen,
Als rief' auch das ich einem Todten nach!"

„Todt bist auch du mir — bin ich dir für's Leben!
Drum darf — wie Todte wohl sich einst gesteh'n
Ihr Erdenträumen dort beim Wiederseh'n —
Schon heut' der letzte Gruß zu dir entschweben:"

„Ich liebe dich! Seit deine Blicke mich
Von deinem Krankenlager einst getroffen,
Verklärt dein Bildniß mir mein höchstes Hoffen, —
Es stiehlt in den erflehten Himmel sich!"

„In diesen Himmel denn will ich mich retten,
Wenn ödes Trennungswehe' mich beschlich;
Ich weiß es nun, mein Ruf: ich liebe dich!
Zieht dich mir nach, mein Herz, an Liebesketten!" —

Da bricht in Thränen Herbert aus: Und trieb'
Mich in die Hölle meines Glücks Entzücken,
Brigitta, an dies Herz will ich dich drücken,
Dir sagen es im Kuß, wie ich dich lieb'! —

V.

Die Flucht.

Was zieht dort gegen die Stadt, vereint
Zu hellen Haufen und Schaaren?
Das ist der Feind, der grimmige Feind,
Der Reusse mit den Tartaren!

Die Boten haben bewährt sich recht
Und wohl gebraucht ihre Sporen!
Ihn sah'n sie Abends bei Kegelecht*),
Waren nachts zurück vor den Thoren.

Denn Reval hat sich bei Tag und Nacht
Des Gastes versehen seit Wochen: —
Jetzt mag er, bis ihm wird aufgemacht,
Gar lange poltern und pochen!

Verrammt sind die Thore, die Thürme umschanzt
Mit Gebälk, auf Wall und Mauern
Sind mehr Karthaunen aufgepflanzt,
Als her aus dem Lager lauern.*)

Da kann — will's Gott — kein Feind hindurch!
Drum wohlgemuth die Städter
Vertrauen auf Ihn — die festeste Burg,
Und ihre wackeren Väter!

Die selber ja halten — die Häupter der Stadt,
Als wär' das just ihre Sache
Und sie hätten das leidige Schlafen satt,
Auf den Wällen die nächtliche Wache.⁷)

Drei Lager dehnet der Feind weitaus
In der Uebermacht stolzem Gefühle:
Auf dem **Steinberg** oben, am **Wasserhaus**
Und an der **Oberen Mühle**.⁸)

Von dort beginnt er den dröhnenden Kampf
Mit wuchtigen Todessaaten:
Hinsausen hört man durch Wind und Dampf
Den Feuerball, die Granaten!

Doch sieh! wohin auch ein Feuer zischt,
Ein Dach, ein Gebält zu erbeuten,
Da qualmt es machtlos aus und erlischt
In Dung und feuchten Häuten. ⁹)

Wie viel auch in Zerstörungsgier
Da Kugeln kommen gezogen,
Bald dünkt's den schauenden Bürger schier —
Es kämen Vögel geflogen! ¹⁰)

Da sieht mit Zorn der Feind verletzt
Sich selbst nur bei dem Spielen:
Sein Stolz wird wund! hat drum gesetzt
Sich näher seinen Zielen.

Vom Tönnisberg St. Nicolas
Wollt' er nun schütteln und zausen; ¹¹)
Doch was sich auch die Kugel vermaß,
Konnt' eben nichts denn sausen!

Nur eine hat da sonder Müh'
In mancher Weis' geschädigt:
Die platzte eines Sonntags früh
Durch's Fenster herein in die Predigt. ¹²)

Da war der größte Schaden — der Schreck
Ob solcher Tag-Gespenster,
Dann — eines Bürgers wunder Fleck, ¹⁸)
Und endlich noch — das Fenster.

Nicht gnügten dem empörten Feind
Die Glas- und Zargenbrüche;
Hat zu verwüsten nun gemeint
Den Zwinger — den Guck in die Küche.

Viel Kugeln hat er in den gedrückt ¹⁹),
Ob er einen Riß erleide;
Doch der Thurm hat sich mit den Kugeln geschmückt
Als wie mit einem Geschmeide.

In dem noch schauet weit ins Meer
Er bis zu diesen Stunden,
Und noch heut' wird ein zweiter Zwinger wie der
An Baltia's Strand nicht gefunden. —

Indeß sich der Feind nun macht bereit,
Zu stürzen auf schutzlose Beute,
Laßt seh'n uns, wo in der ernsten Zeit
Den Freund wir finden heute.

Nicht dort, wo ihm der Liebsten Brief
Wies seiner Herkunft Quelle,
Ihm liebe Todte ins Leben rief,
Nicht in des Münsters Zelle.

Als der Russe genaht mit seinem Heer
Und der Donner erscholl der Kanonen,
Da litt es ihn im Kloster nicht mehr,
Mocht' unter den Kutten nicht wohnen.

Den Herbert dränget sein wallend Blut
Hinaus zu des Krieges Pfaden,
Er warb in der Stadt ein Häuflein voll Muth
Aus allen Schulkameraden.

Und es fiel in den Sinn ihm — wie schweres Blei! —
Die Noth des Stifts der Brigitte,
Das schutzlos liegt — am Meer dort frei,
Und hier in der Sandflur Mitte!

Da läßt er vom Rathe sich das Geleit
Der Nonnen zur Stadt erlauben; —
„Nicht brichst du nun, Liebste, den Klostereid,
Ich muß dich dem Münster nun rauben!"

Hinzieht der Jünglinge Schaar mit Sang,
Und manchem wird süßer zu weinen,
Wenn er denkt an der bangenden Schwester Dank,
Doch Herbert denket der Einen!

Und dankbar in Marienthal
Begrüßt man die muthigen Barden;
Zu Paaren reihen sie sich zumal,
Die Jungfrau'n, die glücklichen Garden.

Jetzt naht auch Brigitta und mustert leicht
Die Paare, die schon sich verbunden,
Und ein Purpur der Wange, der wieder weicht,
Sagt, daß sie jetzt Herbert gefunden.

Und sie reicht dem Geliebten — allein im Kreis —
Mit flücht'gem Erröthen die Rechte:
„Ein Wiedersehen" — flüstert sie leis:
„Gewähren uns gütige Mächte!"

Die Mächte der Liebe! sagt Herbert's Blick, —
Der Mund muß schweigen zur Stunde;
Doch es rührt sein Herz, daß ein mild Geschick
Ihm Balsam goß in die Wunde, —

Ihm, ob auch Seelen des Todes Gewalt
Entriß ihn ohn' Erbarmen,
Das Glück gönnt, daß er die theuerste bald
Umschling' mit schützenden Armen.

Schon setzt die junge Pilgerschaar
Zur Stadt sich in Bewegung,
Da eilt zurück zu des Tempels Altar
Brigitta in tiefer Erregung.

Ein Lebewohl, das mehr nun gilt,
Als selbst sie mag ermessen! —
Den Abschied von der Mutter Bild
Zu nehmen, hat sie vergessen.

Und jetzt vergaß des Freundes auch,
Der ihr gefolgt in Stille,
Die Knieende: durch der Lippen Hauch
Wird kund ihr heiliger Wille!

„O Mutter," — betet die Jungfrau leis:
„Ich scheid' von deinem Altare,
Doch nicht von meines Magdthums Preis,
Hilf, daß ihn die Nonne sich wahre!"

„Den Schwur" — — Nicht vollenden kann sie
den Eid,
An ihres Schleiers Saume
Kniet jetzt auch Herbert — in Liebesleid —
Ach, nicht wie im Gartenraume!

„Brigitta, Brigitta, mein theures Lieb!
Ich kann nicht zur Heiligen beten,
Vor dir nur knie' ich im Liebestrieb,
Ist's Sünde, du magst mich vertreten!"

„Nein, Sünd' ist nicht, was so wohl hier
thut,
Nun die suchenden Herzen sich fanden:
O Mädchen, es füllt dich die gleiche Gluth,
Du hast es ja hold mir gestanden!"

„Vernimm, daß du einst im Knaben ge=
grüßt
Der frühsten Kindheit Genossen:
Uns trug, als die Mutter du eingebüßt,
Ein Schiff her — so war es beschlossen!"

„Die Liebe hat uns're Väter entzweit,
Die beide nun verschollen,
Die Liebe hat uns, die Kinder, geweiht,
Zu versöhnen der Geister Grollen!"

„O Herbert" — ruft sie mit strahlendem Blick
Ihm zu und mit glühenden Wangen:
„Du weißt es, uns trennt ein ernstes Geschick
Und wehrt meines Herzens Verlangen!"

„Laß ab, mein Theurer! durch doppelten Mund
Ward ich ja dem Kloster versprochen;
Ein zweiter Eidbruch wär' unser Bund,
Und — ein Herz hat der erste gebrochen!"

„Mein theures Mädchen", giebt Herbert zurück:
„Dem Schwur, den die Ahne geschworen,
Ihm haben die Enkel geopfert ihr Glück,
Die frommen entsagenden — Thoren!"

„Ja, nenn' ich mit rechtem Namen den Wahn,
Er gebührt den Büßenden Allen,
Die wähnen, die Buße sei nur gethan
In der Klöster einsamen Hallen."

„Die rechte gebeut: der Sünde wehr!
Das magst du an jedem Orte.
Geh hin — und sünd'ge hinfort nicht mehr!
So klangen des Heilands Worte."

„Und wollte, Geliebte, die kindliche Treu'
Erfüll'n auch, was auf dem Bette
Des Todes schwur die verzagende Reu',
Du fändest dazu keine Stätte."

„Bald stürzen diese Mauern, bald
Auflohen auch and're im Brande,
Zerstören wird des Krieges Gewalt
Die Klöster im ganzen Lande."

„Und sollte des lüsternen Kriegers Begehr
Manch' Kloster nicht bedrängen,
Brigitta, es wird die neue Lehr'
Die letzten Zellen sprengen!"

„Neu nenn' ich sie? Ist's doch die alte nur,
Uns Allen ins Herz geschrieben,
Daß heiliger Nichts in der Wesen Natur
Als eines Paares Lieben!"

„Brigitta, du holde, dem süßesten Trieb,
Ergieb dich ihm, uns zu vereinen,
Und hast du mich recht von Herzen lieb,
So sag' es sein Klopfen dem meinen!"

Da sinkt sie ans Herz ihm. — „Wie ich auch büß',
Hier trag' ich's, ihr rächenden Todten!
O Mutter, wie ist die Liebe so süß,
Und du hast sie der Tochter verboten!"

Und er preßt die Geliebte — nun sein, ganz sein! —
An die Brust mit erwidertem Drücken,
Und glühende Küsse verkünden allein
Zwei seliger Seelen Entzücken. —

Indeß vom Lager auszog eine Schaar
Raubsüchtiger Tartaren;
Zu sengen, zu plündern — ohne Gefahr,
Das ist die Lust des Barbaren!

Die Schiffe des Hafens — sie lohen auf,
Und manche einsamen Hütten:
Dann wendet sich der wüstende Hauf
Dem Kloster zu — Brigitten.

Wohl fanden die Nonnen Gelaß und Gemach
In der Stadt schon — Dank ihren Rittern! —
Und die Mönche liefen den Schwestern nach
Mit wirrem Beten und Zittern.

Nur das liebende Paar dort, — selig taub
Und blind, an des Altars Stufen,
Es sieht nicht wirbeln des Weges Staub,
Es hört kein Schreien und Rufen,

Da weckt sie eines Fensters Geklirr,
Von sausender Kugel getroffen,
Sie gewahren jetzt nahender Reiter Gewirr,
Denn der Kirche Thor klafft offen.

Schon hat es geschlossen Heribert,
An den Riegeln ein kräftiges Drücken
Den Zugang nun den Feinden gesperrt,
Eh' noch vor die Mauern sie rücken.

Doch diese Mauern — sie entzieh'n
Gefang'ne dem feindlichen Schwarme;
Brigitta sieht's: hier kann sie entflieh'n
Nur in des Geliebten Arme!

In dies Asyl hineingeschmiegt
Umgeht sie der Halle Runde,
Und jetzt, nun in ihr ein Gedanke siegt,
Steh'n bleibt sie mit lächelndem Munde.

„Mein Herbert," spricht sie mit heit'rem Muth:
„Mich dachtest du einst zu entführen;
Jetzt laß' — nun ich dein mit Seel' und Blut —
Einen Fluchtweg mich erspüren."

„Hier hinter dem Altar hebt sich ein Stein,
Jetzt flach, bis zu steiler Schiefe,
Dann zeigt sich ein Thürchen, das führt hinein
In eines Ganges Tiefe."

„Mir wies dort Stufen ein Klostermann" — —
‚Brigitta' — ruft Herbert mit Staunen!
‚Du Heldenherz! Hast du den Muth? Wohlan,
Dann trotz' ich des Krieges Launen!'

‚Der Gang dehnt unter dem Fluß sich fort
Bis zum Münster der Schwarzen Brüder,[15]
Den Eingang — unsern Ausgang — dort,
Den kenne ich auf und nieder.'

„Vor Jahren, als Hellas noch mein Ideal,
Zu schonen der Mönche Ohren
Citirt' ich im dumpfen Kellersaal
Manch' griechische Autoren."

„Heut' wüßt' ich keinen Hellassohn,
Der dort uns die Zeit vertriebe,
Es sei denn Sanct Anakreon,
Der heil're Sänger der Liebe!"

Schon fand der Mündung Stein das Paar,
Der deckt die finstere Feuchte;
Und die Ampel holt Herbert vom Altar,
Sie muß ja dienen als Leuchte.

Da erbebt noch einmal die Jungfrau tief,
Nun die Heilige sie berauben!
Ihr ist, als ob ihr das Bild nachrief':
Fahr' hin in deinem Glauben!

Fahrt hin —. Ihr leuchtet Euch in's Grab! —
Doch die Noth gebietet dem Schauern:
Schon hören sie der Rosse Getrab
Auf der Brücke dort, hart vor den Mauern.

Noch einmal wirft sich an Herbert's Brust
Brigitta mit heftigem Weinen,
Dann ist sie nur eines Gefühls sich bewußt:
Nichts trenn' ihren Weg von dem seinen!

Am Arm des Geliebten, der fest sie umschlingt,
Betritt sie die dämmernden Stufen,
Mit jedem tieferen Schritt verklingt
Nun mehr das Lärmen und Rufen.

Und jetzt verloren die Stimmen sich ganz
In ein immer lauteres Rauschen; —
Unheimlich rauscht es wie Wogen=Tanz!
Die Liebenden steh'n und lauschen — —

So — Brust an Brust und Blick in Blick —
Sanft mögen die Wasser Euch betten!
Im Himmel En'r harrt ein lieblich Geschick,
Nicht wart Ihr auf Erden zu retten!

Denn heilig ist des Gelübdes Band,
Um Gott und den Menschen geschlungen,
Und die Klügelnd es löst, die frevelnde Hand
Hat des Heiligen Zorn erzwungen. —

Kaum in die Tiefe stieg das Paar,
Da schleicht aus seiner Zelle
Ein graues Mönchlein zum Altar
Und kniet an gewohnter Stelle.

Durch ein heimlich Pförtchen kam er her
In der Kirche düstere Halle;
Im Kloster blieb der Einzige er,
Denn die Mönche flohen ja alle.

Was will der Greis? Er suchet Ruh'!
Er sucht sie mit dunkelnden Blicken,
Die sich wenden dem Bilde der Heiligen zu:
Sie soll ihn auch heut' erquicken!

Ihm stört des Herzens Beten nicht
Am Kirchenthor das Dröhnen,
Der Regen, dessen Strahl sich bricht
An den Fenstern mit trommelndem Tönen. —

VI.

Versöhnung.

Der Himmel schießt mit Riesenpfeilen
Aus grauen Wolken scharf und jach!
Die Tiefen auszufüllen eilen
Die Sturzfluth, der geschwellte Bach.

Indeß in leeren Klosterhallen
Ein Theil der Feinde Raum sich schafft,
Dröhnt noch das Kirchthor von dem Prallen
Wuchtiger Steine — bis es klafft.

Doch — wie herabgestürzt im Regen —
Stürzt zweigetheilt ein Trupp hervor
Jetzt plötzlich, dem Tartar entgegen
Sich werfend, und beschützt das Thor.

Weß ist die Schaar? Sie führt ein Kämpe,
Deß Namen gaben hellen Schall
Die muth'gen Thaten seiner Plämpe,
Der Inn ist's — der „Hannibal". *)

Mit seinen wackern Landesknechten
Zieht er durch's ganze Land zu Feld,
Den Feind aus dem herauszufechten,
Dies Tagwerk hat er sich gestellt.

Und jetzt — um Ino eilt, zu nützen
Der Vaterstadt in ihrer Noth,
Gesellt sich seinen Hakenschützen
Ein Greis, der seinen Dienst ihm bot.

Ein Landsmann ist's und — ob ergrauet —
Wohl rüstig sitzt er noch zu Roß,
Doch aus den trüben Augen schauet
Ihm Leid, das tief sich dort verschloß!

Der Held erfaßt erfreut die Rechte,
Die ihm der Alte reichet hin;
So ziehen fort sie, nach Gefechte
Begierig und den Sieg im Sinn.

Und wie die Güsse niederfahren —
Die Flur wird hell durch Blitzesstrahl —
Da können sie den Feind gewahren
Beim Kloster zu Marienthal.

Sie sprengen hin. Bald sieht der Alte,
Das Stift sei seiner Wohner baar;
Da ruft er Ivo zu: „Freund, halte
Ab von der Kirche mir die Schaar!"

„Dort hab' ich noch ein Werk zu schaffen,
Dann ein' ich wieder mich mit dir,
Und — hilft mir Gott — mein Arm macht klaffen
Noch manchen dicken Schädel hier!"

Und durch die Reih'n mit Jugendstärke
Kämpft sich hinan zum Kirchenthor
Der Greis, als der Zerstörung Werke
Sich's öffnet — wie wir sah'n zuvor.

Wer ist der Greis? Im Waffenrocke,
Im Arm noch das erhob'ne Schwert,
Vom Helm bedeckt die graue Locke,
Scheint er ein Krieger ehrenwerth.

Und doch lag einst die Klinge ferner
Als wie der Pinsel diesem Arm:
Brigitta's Vater ist es — Werner,
Der hier sich durchfocht durch den Schwarm.

Die Hoffnung, noch einmal zu schauen
Die Tochter, die im Kloster weilt,
Sie hat dem Gram= und Alters=Grauen
Das wunde Herz schier halb geheilt!

Er kommt aus Deutschland, sieht von Horden
Bedrängt sein theures Vaterland:
Da widmet sich des Krieges Orden
Der Alte, Jugendmuth=entbrannt!

Durch gutes Glück hat er gefunden
Den kühnsten Helden zum Kumpan,
Mit ihm getreulich sich verbunden
Auf neuer, schönster Ruhmesbahn!

Jetzt, nun er mit den andern Nonnen
Im Schutz der Stadt die Tochter glaubt,
Sich selbst hier weiß dem Feind entronnen,
Weil Ivo's Klinge schirmt sein Haupt;

Jetzt drängt's vor Allem ihn, zu bergen
Sein Bild vor roher Barbarei —
Sei's tief im Keller unter Särgen,
Sei's im Kamin der Sakristei.

Der Maler naht sich dem Altare —
Da knieet noch des Mönchs Gestalt,
Tief hingebeugt, vom Silberhaare
Des Beters Stirne überwallt.

Bei Werner's Ruf aufblickt der Alte,
Stöhnt laut — und sinkt in Seelenharm!
Und Werner weiß es nun: er halte
Den lang' verscholl'nen Freund im Arm!

Noch lähmet stumme Pein sie Beide.
Dann künden Seufzer den Erguß
Der heil'gen Fluth, die allem Leide
Die Gluth des Stachels kühlen muß!

Ach, welch' ein Wiederseh'n! Die Greise
Vergießen nun in Reue-Schmerz
Viel bitt're Tropfen! Bis im Preise
Brigitta's sich versöhnt ihr Herz.

Nun sagt's der Mönch dem Freund mit Trauern,
Seit seiner Liebesthorheit Zeit
Hab' er in dieses Closters Mauern
Begraben tief sein Seelenleid.

„Für manches Herz, für das geschlagen
Das meine noch, ward's nun zu Eis!
Da ich der Einen mußt' entsagen,
Gab ich die andern Alle preis!"

„Doch endlich hat der Haß — beschworen —
Sich durch der Heil'gen Macht gelegt,
Die deine Kunst uns neu geboren
Und in den Rahmen dort geprägt."

„Die auch den Schmerz sanft weiß zu fassen
Und lächelnd wieget ihn zur Ruh', —
Brigitta, die ich einst verlassen,
Die ich gebracht — dem Tode zu!"

Hier böt' den Trost ihm Werner gerne,
Daß der Geliebten Tochter lebt,
Wohl auch sein eigner Sohn nicht ferne,
Doch in des Trosts Gespinnste webt

Sich ein des Zweifels grauer Faden:
Und sandst du denn die Tochter schon,
Verirrt vielleicht auf dunklen Pfaden, —
Den einst entführten Pflegesohn?

Er schweigt, jedoch mit kühnem Hoffen:
Die find' er heut'! den Zweifel still;
Dann sagt er, wie sie sich getroffen
Und was er mit dem Bilde will.

Daß dies den Weihefchmuck verloren,
Der Ampel Licht, erklärt er so:
Ein Mönch hab' sich's zum Schutz erkoren
Wohl vor dem Feinde, als er floh.

Still lauscht der Greis auf Werner's Worte,
Dann — wie versenkt in Traumes Schau'n —
Spricht er: „Als ich genaht dem Porte,
Ließ ich mir bald mein Grab erbau'n."

„Wohl sehn' ich mich, daß ich es fülle
Alsbald mit meinem fünd'gen Staub;
Heut' wird mir klar des Himmels Wille,
Warum er blieb dem Flehen taub."

„Durch eines Seitenganges Nische
Dringt man in den vertieften Bau;
Es deckt mit einem Altartische
Der nied're Eingang sich genau."

„Dort laß' das Kleinod treu uns bergen,
Wo es an Raum ihm nicht gebricht;
Den theilt's nur mit zwei leeren Särgen, —
Warum mit zweien? frag' mich nicht!"

Nun zeigt der Greis dem Freund die Stätte;
Der Zugang ist geöffnet bald,
Schon tragen beide in ihr Bette
Der einst Geliebten Kunstgestalt.

Dem Mönch will jetzt die Kraft versagen,
Dem einen Sarg lehnt er sich an:
„Nun helf' dir Gott die Feinde jagen," —
Spricht sanft er: „siegreich kehre dann!"

Und Werner drauf: „Die schlimmsten flohen
Vor ihr — die wird geliebt, beweint;
Hier siegten wir — was dort mag drohen! —
Im Grabesfrieden treu vereint!"

„Ach, leben heißt nach Frieden dürsten!
Nicht That, noch Reue stillt den Brand,
Gelöscht nur durch den Friedensfürsten,
Der alles Leben überwand!"

„Wohl weiß ich's: Er—mein Licht, mein Glaube!—
Hat auch besiegt des Todes Nacht;
Doch erst ward er ihm selbst zum Raube,
Rief sterbend erst: es ist vollbracht! —'

Und still die Hände sich verschränken.
Dann greift der Maler nach dem Schwert,
Es mit des Feindes Blut zu tränken,
Der ihm den Weg zur Stadt noch wehrt. —

Noch nah' dem Thor kämpft Ivo's Fahne.
Der Maler stürzt sich dort hinein;
Sein Roß ist ihm entwandt: so bahne
Sein gutes Schwert die Straße rein!

Zwar Ivo's dichte Reihen drücken
Den Feind zurück — in blut'gem Schweiß! —
Doch manchem Kühnen will es glücken
Sich durchzuhau'n, zu nah'n dem Greis.

Gewahren kann der schon den Degen,
(Die Sonne drang durch Wolkenwust),
Da — zischt auch ihm der Tod entgegen,
Zu gut gezielt nach seiner Brust!

Und Werner sinkt — indem sein Fallen
Den Kameraden facht zur Wuth:
Er sprengt heran — ein Schreckbild Allen! —
Und reich hinströmt Tartarenblut!

„O hör' des Malers letzte Bitte" —
Haucht noch der Sterbende ihm zu:
„Dort — neben meinem Bild — Brigitte —
Versenke meinen Staub zur Ruh'!"

Treu nickt ihm Ivo zu Gewährung —
(Daß jenes Bildes Meister er,
Deß Kunst der Heil'gen gab Verklärung,
Vernahm er jetzt — aus dem Begehr.)

Zum Schutz des Todten ein'ge Mannen
Zurück läßt der bewegte Held;
Dann jagt er wieder flugs von dannen,
Die Brust von Tilgungsgier geschwellt.

Und mächtig sieht man aus nun langen
Des Recken stahlverlängten Arm:
Das Fußvolk sinkt — wie Bohnenstangen,
Zum Lager flieht der Reiter Schwarm.

Nicht deutsche Söldner, die geleiten
Mit Tod den flüchtigen Tartar,
Der Todte selber scheint zu streiten,
Zu scheuchen dort die feige Schar. —

Umkehrt nun „Hannibal", der Sieger,
Still ernst, der ernsten Pflicht gedenk,
Daß er den Greis, der starb als Krieger,
Als Künstler lebt, ins Grab versenk'.

Auf leichter Bahre — grünen Zweigen —
Trägt man ihn in das Gotteshaus.
Auch hier nun waltet Todesschweigen,
Denn alles Leben zog hinaus.

Ja selbst des Lebens heil'ge Scheine
Sie findet hier der Krieger nicht:
Es weckt die Andacht der Gemeine
Kein Altarbild, kein weihend Licht.

Bald weicht der Dämmer ein'gen Kerzen,
Die leiten Ivo in den Gang,
Ans Grabmal, wo aus einem Herzen
Ein letzter Seufzer jetzt verklang.

Da liegt, noch knieend, kaum erkaltet,
Der Silbergreis im Kuttenkleid,
Vor ihm das Heil'genbild — entfaltet —
Dem er den letzten Blick geweiht.

Und zu des Mönches beiden Seiten
Zwei leere Särge sieht der Held:
„Hier ist kein Grab erst zu bereiten,
Die Stätte Euch hier wohl bestellt!"

Der Maler füllt die eine Truhe,
Mit flücht'gem Laubeskranz geschmückt,
Indem der Mönch zu sel'ger Ruhe
Dem Freunde an die Seite rückt.

So schützt als treue Ehrenwache
Brigitta's Bild das Greisenpaar,
Ob auch an diesen Mauern Rache
Bald nimmt der wütende Barbar!

Geborgen unter'm Mauerschutte
Wird's keiner Jahre Zahn zum Raub,
Sinkt auch der Leib dort in der Kutte
Wie der im Panzerrock zu Staub.

Einst aber — wenn längst ausgestritten
Auch jenes Fähnlein „Hannibal's",
Das an der Gruft jetzt zu Brigitten
Ein Grablied anstimmt rauhen Schalls, —

Ein Grablied, dessen Klagen meinen
Das Paar auch, das dort sank hinab,
Und, wie die Geister einst sich einen,
Nicht fern den Vätern fand sein Grab; —

Einst, wenn, nach Streit und bitt'rer Schmähung,
Die Bildung Volk zu Volk gesellt,
Versunk'ner Kunst auch zur Erstehung
Ihr Weckruf laut durchschallt die Welt:

Einst wird dies Bildniß auch erstehen —
Ein heller Zeug' aus düst'rer Zeit: —
Von Künstler=Sühne und Vergehen,
Von heil'ger Frauen Liebesleid,

Vom Glaubenskampf, vom Sieg des Schönen,
Vor dem auch Haß versöhnt gekniet,
Und zeugen wird's in mächt'ger'n Tönen
Als von Brigitta dies mein Lied.

Anmerkungen.

1) Quintus (der Fünfte) hieß in älterer Zeit der Unterlehrer an einigen Schulen. (Ein solcher war J. Pauls: Quintus Fixlein.)

2) S. Gotth. v. Hansen: Die Kirchen und ehemaligen Klöster Revals.

3) Die folgenden Bilder sind ihrem Wesen nach der Russow'schen Chronik entlehnt.

4) Dies wieder „erstandene", noch (im Revaler Schwarzhäupter=Hause) wohlerhaltene Altarbild des Brigitten=Klosters enthält freilich außer dem Bildniß der Brigitta noch mehre andere Gestalten; das Bild der Ersteren ist auf dem Gemälde nicht einmal die Hauptfigur. Dem Verf. aber konnte es begreiflich nur um die Gestalt zu thun sein, welche in seinem Werkchen den Mittelpunkt bildet.

5) Nach der Chronik.

6) desgl.

7) Nach der Chronik.
8) desgl.
9) desgl.
10) desgl.
11) desgl.
12) desgl.
13) desgl.
14) desgl.
15) Oder: Der „Prediger-Mönche", bei denen ja H. sich aufgehalten hatte.
16) Ivo Schenkenberg, gen. „Hannibal", ein berühmter Freischärler jener Zeit, eines „Münzmeisters" Sohn aus Reval.

Leipzig.
Druck von A. Th. Engelhardt.